I0499050

www.ingramcontent.com/pod-product-compliance
Lightning Source LLC
Chambersburg PA
CBHW060854220526
45466CB00003B/1367
* 9 7 8 1 6 5 8 2 3 7 7 6 5 *